Sobre a autor

Olá! Meu nome é Israel Johnson e sou um entusiasta do marketing digital e empreendedorismo. Tenho vasta experiência em criar e implementar estratégias digitais que impulsionem o crescimento de empresas em diversos setores.

Como gestor de marketing digital, especializado em SEO, marketing de conteúdo, redes sociais, e-commerce, e campanhas de publicidade online. Minha jornada começou com um profundo interesse em como as empresas podem usar a internet para alcançar mais clientes e construir uma marca sólida.

Como empreendedor digital, lancei vários projetos de sucesso e adquiro uma perspectiva única sobre os desafios e oportunidades do mundo digital. Ao longo da minha carreira, ajudarei muitas empresas a crescer e atingir seus objetivos.

Neste ebook, "Você é um negócio", compartilho 11 ideias de negócios que podem transformar a maneira como você cria riqueza, começando do zero. Espero que estas informações sejam valiosas e promissoras para sua jornada empreendedora.

Introdução

Bem-vindo ao mundo das oportunidades digitais, onde pode transformar paixões em fontes de renda lucrativas. O livro ensina a identificar habilidades únicas, usar plataformas online, criar conteúdo, fazer marketing digital, gerir tempo e recursos, construir uma marca pessoal forte e inspira com histórias de sucesso. Cada capítulo guia passo a passo para transformar ideias em empreendimentos lucrativos.

Este guia não é apenas teórico, mas profundamente prático, oferecendo ferramentas e dicas valiosas que podem ser aplicadas de imediato. Ao longo do livro, você encontrará exercícios práticos e checklists para garantir que está no caminho certo. Além disso, entrevistas com empreendedores digitais bem-sucedidos fornecem insights reais e inspiração, mostrando que é possível alcançar o sucesso com dedicação e estratégia.

Prepare-se para mergulhar em um universo de possibilidades, onde a inovação e a criatividade são os principais motores do progresso. Seja você um iniciante ou alguém que já tem experiência no mundo digital, este livro tem algo a oferecer para todos. A jornada para transformar suas ideias em realidade começa aqui. Aproveite cada página e permita-se sonhar grande. Boa leitura e sucesso na sua jornada empreendedora!

O Objetivo Deste Livro

O objetivo deste livro é fornecer a você uma orientação clara e detalhada sobre como transformar suas habilidades e interesses em negócios lucrativos. Cada capítulo é dedicado a uma ideia diferente, abrangendo desde a oferta de serviços online até a criação de produtos digitais. A ideia é capacitar você a explorar e maximizar suas potencialidades em diferentes áreas, mesmo começando do zero.

Queremos que você se sinta confiante e preparado para dar os primeiros passos rumo ao seu empreendimento. Por isso, também dedicamos um espaço para discutir a importância do mindset empreendedor, ressaltando a resiliência, a criatividade e a capacidade de adaptação como pilares fundamentais para o sucesso.

Então, prepare-se para embarcar nesta aventura de autodescoberta e crescimento profissional. Lembre-se de que o caminho para o sucesso nem sempre é linear, mas com determinação e as ferramentas certas, você estará pronto para superar qualquer desafio que surgir. Boa leitura e sucesso em sua jornada empreendedora!

A Importância de Começar do Zero

Muitos dos empreendedores mais bem-sucedidos do mundo começaram do zero, sem grandes investimentos ou redes de apoio. Começar do zero pode parecer um desafio, mas também é uma oportunidade para construir algo autêntico e sustentável com base em suas próprias habilidades e esforços. Este livro foi concebido para guiá-lo através desse processo, fornecendo insights práticos e exemplos reais de como transformar uma ideia em uma fonte de renda.

Ao longo dos capítulos, você descobrirá técnicas para identificar oportunidades de mercado, estratégias para desenvolver um plano de negócios robusto e maneiras de captar recursos sem comprometer a independência do seu projeto.

Prepare-se para uma jornada transformadora, onde cada passo dado será uma conquista e cada desafio superado, uma lição valiosa. O caminho pode não ser fácil, mas com determinação e a orientação certa, você descobrirá que começar do zero é, na verdade, um ponto de partida poderoso para alcançar grandes feitos.

Capítulo 1: Trabalhos Freelance

Freelancing, ou trabalho como freelancer, é uma maneira flexível e lucrativa de usar suas habilidades para ganhar dinheiro. Como freelancer, você trabalha por conta própria, oferecendo serviços especializados a uma variedade de clientes. Esta modalidade de trabalho permite que você tenha controle sobre seu horário, escolha seus projetos e trabalhe de qualquer lugar com uma conexão à internet.

Além disso, ser freelancer proporciona a oportunidade de desenvolver uma rede diversificada de contatos profissionais e adquirir experiências em diferentes indústrias. No entanto, é importante estar ciente dos desafios que acompanham essa liberdade. A gestão do tempo e a disciplina são cruciais para garantir a entrega de trabalhos de qualidade dentro dos prazos estipulados. A instabilidade financeira também pode ser uma preocupação, pois a renda pode variar de mês para mês dependendo da quantidade e do tipo de projetos que você conseguir.

Para ter sucesso como freelancer, é essencial investir em marketing pessoal e construir um portfólio sólido que demonstre suas habilidades e conquistas. Plataformas online, como LinkedIn, Upwork e Fiverr, podem ser ferramentas valiosas para encontrar oportunidades e se conectar com potenciais clientes. Além disso, manter-se atualizado com as tendências e inovações em sua área de atuação pode diferenciá-lo da concorrência e aumentar suas chances de conseguir projetos mais desafiadores e bem remunerados.

Em resumo, o freelancing pode ser uma carreira extremamente recompensadora para aqueles que estão dispostos a dedicar tempo e esforço para construir uma reputação sólida e entregar consistentemente um trabalho de alta qualidade.

Como Encontrar Clientes

Encontrar clientes pode ser um dos maiores desafios para freelancers iniciantes. Aqui estão algumas estratégias eficazes para atrair clientes:

Plataformas de Freelance: Sites como Upwork, Freelancer, Fiverr e Workana são ótimos lugares para começar. Crie um perfil atraente que destaque suas habilidades, experiência e projetos anteriores.

Redes Sociais: Use redes sociais como LinkedIn, Twitter e Facebook para promover seus serviços. Participe de grupos e comunidades relacionadas ao seu campo de atuação e compartilhe seu portfólio.

Networking: Conecte-se com outros profissionais da sua área e participe de eventos de networking. Muitas oportunidades de trabalho surgem de indicações e conexões pessoais.

Site Pessoal: Crie um site profissional para exibir seu portfólio, depoimentos de clientes e informações de contato. Um site bem projetado pode aumentar sua credibilidade e atrair clientes.

Propostas Ativas: Envie propostas diretamente para empresas ou indivíduos que possam precisar de seus serviços. Pesquise empresas que possam se beneficiar de suas habilidades e envie uma proposta personalizada.

Plataformas Populares

Aqui estão algumas das plataformas de freelancing mais populares e como você pode usá-las para encontrar trabalho:

Upwork: Uma das maiores plataformas de freelancing, ideal para uma ampla gama de habilidades, incluindo redação, design gráfico, programação e marketing. Crie um perfil detalhado, envie propostas para projetos relevantes e mantenha uma boa classificação para atrair mais clientes.

Freelancer: Similar ao Upwork, oferece uma variedade de projetos em diferentes áreas. Participe de concursos para ganhar visibilidade e construir seu portfólio.

Fiverr: Nesta plataforma, você cria "gigs" ou serviços específicos que os clientes podem contratar. É uma boa opção para freelancers iniciantes, pois permite começar com serviços simples e baratos, aumentando gradualmente os preços conforme você ganha experiência e avaliações positivas.

Workana: Focada no mercado latino-americano, é uma ótima plataforma para freelancers que falam português e espanhol. Oferece projetos em áreas como TI, design, marketing e tradução.

Dicas para Ter Sucesso

Comunicação Clara: Mantenha uma comunicação aberta e clara com seus clientes. Defina expectativas desde o início e mantenha-os informados sobre o progresso do trabalho.

Gestão de Tempo: Aprenda a gerenciar seu tempo eficientemente. Use ferramentas de gestão de projetos como Trello ou Asana para organizar suas tarefas e prazos.

Qualidade Consistente: Entregue trabalho de alta qualidade de forma consistente. A satisfação do cliente é crucial para construir uma boa reputação e obter indicações.

Atualização Contínua: Invista em sua educação e continue aprendendo novas habilidades. O mercado de freelancing é competitivo, e estar atualizado com as últimas tendências e tecnologias pode dar a você uma vantagem.

Construção de Portfólio: Mantenha um portfólio atualizado com seus melhores trabalhos. Inclua descrições detalhadas dos projetos e depoimentos de clientes satisfeitos para mostrar seu valor.

A consultoria online é uma excelente maneira de transformar seu conhecimento em um negócio lucrativo e flexível. Com as estratégias e ferramentas certas, você pode construir uma carreira de sucesso ajudando outros a alcançarem seus objetivos. Boa sorte em sua jornada de consultoria online!

Capítulo 2: Venda de Produtos e Artesanato

Se você possui habilidades manuais e uma paixão por criar, a venda de produtos artesanais pode ser uma maneira gratificante e lucrativa de ganhar dinheiro. Produtos feitos à mão têm um apelo especial, pois são únicos e frequentemente carregam um toque pessoal que não se encontra em produtos industrializados. Cada peça artesanal é um reflexo do cuidado, da criatividade e da habilidade do artesão, tornando-a uma opção desejada por consumidores que valorizam a autenticidade e a exclusividade.

Ao mergulhar no mundo do artesanato, você tem a oportunidade de transformar materiais brutos em obras de arte funcionais, decorativas ou até mesmo colecionáveis. Este processo criativo pode ser extremamente satisfatório, pois permite que você dê vida às suas ideias e compartilhe um pedaço de sua visão artística com o mundo. Além disso, a demanda por produtos artesanais tem crescido significativamente, impulsionada por uma crescente conscientização sobre sustentabilidade e consumo responsável. Os consumidores estão cada vez mais buscando alternativas aos produtos de massa, preferindo itens que contam uma história e que são produzidos de maneira ética e sustentável.

O mercado para produtos artesanais é diversificado e abrange uma vasta gama de categorias, incluindo joias, roupas, acessórios, decoração para casa, brinquedos, cosméticos naturais, entre outros. Cada uma dessas categorias oferece um leque de possibilidades para explorar e inovar, permitindo que você encontre seu nicho específico e desenvolva uma marca própria. Plataformas online como Etsy, Amazon Handmade e até redes sociais como Instagram e Pinterest são ferramentas poderosas para alcançar um público global. Essas plataformas permitem que você exiba seu trabalho, conecte-se com clientes potenciais e construa uma comunidade de seguidores apaixonados pelo seu trabalho.

Além das vendas online, participar de feiras de artesanato, mercados de agricultores e eventos locais pode proporcionar uma excelente oportunidade para interagir diretamente com os clientes, receber feedback imediato e aumentar a visibilidade da sua marca. Esses eventos são também uma ótima maneira de se conectar com outros artesãos e empreendedores, trocando ideias e estabelecendo colaborações que podem beneficiar a todos.

A jornada de vender produtos artesanais, embora desafiadora, é repleta de recompensas. Cada venda não é apenas uma transação financeira, mas também uma validação do seu talento e esforço. A satisfação de saber que alguém escolheu sua criação para decorar sua casa, presentear um ente querido ou simplesmente apreciar sua beleza é imensurável. Além disso, à medida que você cresce e aperfeiçoa suas habilidades, pode expandir sua linha de produtos, explorar novos materiais e técnicas, e até mesmo ensinar outras pessoas a arte do artesanato através de workshops e tutoriais.

Em suma, se você é apaixonado por criar e tem habilidades manuais, a venda de produtos artesanais oferece uma avenida rica e recompensadora para explorar. Com dedicação, inovação e uma abordagem estratégica ao marketing e vendas, você pode transformar sua paixão em um negócio próspero e sustentável.

Onde Vender Seus Produtos

Etsy: Etsy é uma das plataformas mais populares para venda de produtos artesanais. É especialmente adequada para pequenos empreendedores que desejam alcançar um público global. Criar uma loja no Etsy é simples, e a plataforma oferece diversas ferramentas para ajudar a gerenciar e promover seus produtos.

Feiras Locais e Mercados de Artesanato: Participar de feiras de artesanato e mercados locais é uma excelente maneira de vender seus produtos e obter feedback direto dos clientes. Esses eventos também oferecem a oportunidade de fazer networking com outros artesãos e empreendedores.

Redes Sociais: Use plataformas como Instagram, Facebook e Pinterest para promover e vender seus produtos. Crie perfis dedicados ao seu negócio e poste fotos de alta qualidade dos seus produtos. Engaje com seus seguidores e use hashtags relevantes para aumentar sua visibilidade.

Lojas Online Próprias: Se você prefere ter mais controle sobre sua loja, considere criar seu próprio site de e-commerce usando plataformas como Shopify ou Wix. Isso permite personalizar completamente a experiência do cliente e evitar as taxas de plataforma.

Lojas Colaborativas: Alguns espaços físicos oferecem oportunidades para artesãos exibirem e venderem seus produtos sem a necessidade de manter uma loja própria. Procure por lojas colaborativas ou cooperativas de artesãos em sua área.

Dicas para Aumentar Suas Vendas

Fotografia de Alta Qualidade: Fotos atraentes e de alta qualidade são essenciais para vender produtos artesanais online. Invista em uma boa câmera ou smartphone, e aprenda técnicas básicas de fotografia e edição de imagens. Use iluminação natural e fundos neutros para destacar seus produtos.

Descrições Detalhadas: Escreva descrições detalhadas e criativas para cada produto. Inclua informações sobre os materiais usados, o processo de criação e as dimensões. Descrições bem escritas ajudam os clientes a entender o valor do seu trabalho e podem aumentar as vendas.

Preço Justo: Determine um preço justo que cobre seus custos de material e tempo, além de incluir uma margem de lucro. Pesquise os preços de produtos semelhantes para garantir que você esteja competitivo no mercado.

Dicas para Aumentar Suas Vendas

Ofereça Variações: Ofereça diferentes cores, tamanhos ou personalizações dos seus produtos para atrair uma variedade maior de clientes. A personalização pode ser um diferencial importante que agrega valor aos seus produtos.

Promoções e Descontos: Ofereça promoções e descontos em ocasiões especiais ou para clientes fiéis. Isso pode incentivar compras repetidas e ajudar a construir uma base de clientes leal.

Feedback e Avaliações: Incentive seus clientes a deixarem avaliações positivas e feedback sobre seus produtos. Avaliações positivas aumentam a credibilidade e confiança na sua loja, atraindo novos clientes.

Exemplos de Produtos Artesanais para Vender

Bijuterias: Criação de colares, pulseiras, brincos e anéis únicos e personalizados.

Velas Artesanais: Produção de velas perfumadas com ingredientes naturais.

Sabonetes e Cosméticos Naturais: Fabricação de sabonetes, loções e outros produtos de cuidados pessoais com ingredientes naturais.

Artigos de Decoração: Confecção de itens decorativos como quadros, vasos, almofadas e esculturas.

Roupas e Acessórios: Costura de roupas exclusivas, bolsas, chapéus e outros acessórios.

Papeteria e Cartões: Criação de cartões, cadernos e outros itens de papelaria personalizados.

Ferramentas e Recursos Úteis

Materiais de Qualidade: Use materiais de alta qualidade para garantir a durabilidade e o apelo dos seus produtos.

Ferramentas de Criação: Invista em ferramentas apropriadas para o seu ofício, como máquinas de costura, ferramentas de joalheria, moldes de vela, etc.

Software de Design: Utilize software de design gráfico, como Adobe Illustrator ou Canva, para criar etiquetas, embalagens e materiais de marketing.

A venda de produtos artesanais é uma excelente maneira de transformar sua criatividade em um negócio lucrativo. Com dedicação, atenção aos detalhes e uma abordagem estratégica, você pode construir uma marca forte e atrair uma base fiel de clientes. Boa sorte em sua jornada artesanal!

Capítulo 3: Consultoria e Serviços Profissionais

A consultoria online é uma oportunidade incrível para monetizar seu conhecimento e experiência em uma área específica. Como consultor, você oferece aconselhamento e estratégias personalizadas para indivíduos ou empresas, ajudando-os a resolver problemas, melhorar processos ou alcançar objetivos específicos. Com a expansão das tecnologias de comunicação, a consultoria online tornou-se mais acessível e popular do que nunca.

Com a consultoria online, você pode trabalhar com clientes de qualquer lugar do mundo, eliminando as barreiras geográficas que antes limitavam seu alcance. Plataformas como Zoom, Skype e Google Meet permitem que você conduza sessões de consultoria de forma eficiente e conveniente, sem a necessidade de deslocamento.

Além disso, ferramentas de gerenciamento de projetos e colaboração online, como Trello, Asana e Slack, facilitam a organização e o acompanhamento do progresso dos clientes. Esta flexibilidade não só aumenta suas oportunidades de negócios, mas também permite que você ofereça serviços a um custo competitivo, uma vez que os gastos operacionais são significativamente reduzidos.

Outra grande vantagem da consultoria online é a possibilidade de diversificar seus serviços e expandir sua oferta de valor. Você pode criar pacotes de consultoria, oferecer sessões individuais ou em grupo, workshops, webinars e até cursos online.

Esta diversidade não só atrai diferentes tipos de clientes, mas também cria múltiplas fontes de renda. Além disso, o feedback constante dos clientes permite que você ajuste e aperfeiçoe continuamente seus serviços, garantindo que está sempre atendendo às necessidades do mercado.

Ao estabelecer uma presença forte e confiável online, você pode construir uma reputação como especialista em sua área, atrair mais clientes e, eventualmente, escalar seu negócio para novos patamares.

Definindo Sua Área de Especialização

Antes de começar, é importante definir claramente sua área de especialização. Pense nas suas habilidades, experiência e paixão. Algumas áreas comuns de consultoria incluem:

Negócios e Empreendedorismo: Ajuda startups e pequenas empresas a crescer e se desenvolver.

Marketing Digital: Auxilia empresas a melhorar sua presença online, estratégias de SEO, mídias sociais, etc.

Finanças Pessoais: Oferece conselhos sobre gestão financeira, investimentos e planejamento de aposentadoria.

Carreira e Desenvolvimento Profissional: Orienta indivíduos na progressão de carreira, mudança de emprego, aprimoramento de habilidades.

Tecnologia da Informação: Fornece suporte em desenvolvimento de software, segurança cibernética, implementação de sistemas.

Saúde e Bem-Estar: Oferece orientações sobre nutrição, fitness, saúde mental, etc.

Como Encontrar Clientes

Encontrar clientes pode ser um desafio inicial, mas com as estratégias certas, você pode construir uma base sólida. Aqui estão algumas abordagens eficazes:

Plataformas de Consultoria: Sites como Clarity.fm, JustAnswer e Catalant conectam consultores com clientes em busca de especialistas. Crie um perfil profissional detalhado e atraente.

LinkedIn: Use o LinkedIn para construir sua rede profissional, compartilhar insights e artigos relacionados à sua área de especialização. Participe de grupos e discussões relevantes.

Networking: Participe de eventos e webinars na sua área. Conectar-se com outros profissionais pode levar a referências e oportunidades de consultoria.

Blog ou Site Pessoal: Crie um blog ou site onde você compartilha conteúdo valioso, estudos de caso e testemunhos. Isso pode atrair clientes que buscam seu conhecimento e expertise.

Marketing de Conteúdo: Publique artigos, e-books, vídeos e webinars para demonstrar seu conhecimento e atrair potenciais clientes. Use SEO para aumentar a visibilidade do seu conteúdo.

Parcerias: Colabore com outras empresas ou consultores que possam recomendar seus serviços. Parcerias estratégicas podem expandir seu alcance.

Dicas para Ter Sucesso

Comunicação Eficaz: Mantenha uma comunicação clara e profissional com seus clientes. Entenda suas necessidades e expectativas e forneça atualizações regulares sobre o progresso.

Entrega de Valor: Concentre-se em fornecer valor real e resultados tangíveis para seus clientes. Isso ajudará a construir sua reputação e gerar recomendações.

Gestão de Tempo: Organize suas sessões de consultoria e tarefas administrativas de forma eficiente. Use ferramentas de gestão de tempo e agendamento para manter tudo sob controle.

Feedback e Avaliações: Solicite feedback dos clientes e use-o para melhorar seus serviços. Testemunhos positivos podem ser usados para atrair novos clientes.

Desenvolvimento Contínuo: Mantenha-se atualizado com as últimas tendências e desenvolvimentos na sua área de especialização. Participe de cursos, workshops e leituras contínuas para aprimorar suas habilidades.

Ferramentas e Recursos Úteis

Software de Videoconferência: Ferramentas como Zoom, Microsoft Teams ou Google Meet são essenciais para reuniões online com clientes.

Plataformas de Gestão de Projetos: Use ferramentas como Trello, Asana ou Monday.com para organizar suas tarefas e projetos de consultoria.

Software de Faturamento: Ferramentas como QuickBooks ou FreshBooks ajudam a gerenciar suas finanças e enviar faturas para clientes.

Marketing Digital: Utilize ferramentas de e-mail marketing (Mailchimp, ConvertKit) e SEO (SEMrush, Ahrefs) para atrair e engajar clientes.

Plataformas de E-Learning: Se você oferecer treinamentos ou cursos, use plataformas como Teachable ou Thinkific para hospedar e vender seus cursos online.

A consultoria online é uma excelente maneira de transformar seu conhecimento em um negócio lucrativo e flexível. Com as estratégias e ferramentas certas, você pode construir uma carreira de sucesso ajudando outros a alcançarem seus objetivos. Boa sorte em sua jornada de consultoria online!

Capítulo 4: Tutoria online

Tutoria online é uma forma eficaz de compartilhar seu conhecimento e habilidades com estudantes ao redor do mundo, proporcionando uma experiência de aprendizado personalizada e flexível. Se você tem expertise em uma matéria escolar, música, idiomas ou qualquer outra área, pode transformar essa habilidade em uma fonte de renda significativa.

Além disso, a tutoria online oferece a conveniência de agendar sessões de acordo com sua disponibilidade, permitindo que você alcance um equilíbrio entre trabalho e vida pessoal. Plataformas como Zoom, Skype, e Google Meet facilitam a comunicação em tempo real, enquanto ferramentas como Google Classroom, Moodle e outras permitem a distribuição de materiais e acompanhamento do progresso dos alunos.

Com a capacidade de oferecer aulas individuais ou em grupo, você pode adaptar seu ensino às necessidades específicas de cada estudante, garantindo um aprendizado eficaz e envolvente.

Benefícios da Tutoria Online

Flexibilidade: Você pode definir seus próprios horários e trabalhar de qualquer lugar com uma conexão à internet.

Alcance Global: Você pode ensinar alunos de diferentes partes do mundo, aumentando suas oportunidades de negócio.

Personalização: Ofereça um ensino adaptado às necessidades e ao ritmo de cada aluno, o que pode resultar em melhores resultados de aprendizado.

Custo Reduzido: A tutoria online elimina a necessidade de deslocamento e aluguel de espaço físico.

Como Começar

Defina Sua Área de Especialização: Identifique suas áreas de força e paixão. Pode ser uma matéria específica, um instrumento musical, um idioma ou até habilidades como codificação ou artesanato.

Obtenha Certificações: Se necessário, obtenha certificações ou qualificações que aumentem sua credibilidade como tutor. Isso pode ser especialmente importante para áreas acadêmicas ou idiomas.

Crie um Plano de Aulas: Desenvolva planos de aula estruturados que atendam às necessidades de seus alunos. Inclua objetivos de aprendizado, atividades práticas e avaliações.

Plataformas para Tutoria Online

Wyzant: Uma plataforma que conecta tutores com alunos em uma variedade de matérias escolares e de habilidades.

Preply: Ideal para tutores de idiomas, Preply permite que você defina suas próprias tarifas e horários.

Tutor.com: Oferece oportunidades para tutores em várias disciplinas escolares, com uma plataforma fácil de usar para aulas online.

Italki: Focada em aprendizado de idiomas, é uma excelente plataforma para tutores de línguas.

Superprof: Uma plataforma abrangente que abrange uma ampla gama de disciplinas e habilidades, incluindo música, esportes e arte.

Dicas para Ter Sucesso

Crie um Perfil Atraente: Em plataformas de tutoria, um perfil bem detalhado é crucial. Inclua suas qualificações, experiência, metodologia de ensino e depoimentos de alunos anteriores.

Ofereça Aulas Experimentais: Muitas plataformas permitem que você ofereça uma aula experimental gratuita ou a um preço reduzido. Isso pode ajudar a atrair novos alunos.

Use Ferramentas de Ensino Eficientes: Utilize softwares de videoconferência como Zoom ou Skype, e ferramentas de colaboração como Google Docs, para criar uma experiência de aprendizado interativa e eficaz.

Personalize o Ensino: Adapte suas aulas às necessidades e ao ritmo de cada aluno. Forneça feedback regular e ajuste seus métodos de ensino conforme necessário.

Mantenha-se Atualizado: Continue aprendendo e atualizando suas habilidades. Participe de cursos de formação de tutores e mantenha-se atualizado com as últimas tendências em educação online.

Ferramentas e Recursos Úteis

Software de Videoconferência: Zoom, Skype, Microsoft Teams são essenciais para realizar aulas ao vivo.

Plataformas de Gestão de Aulas: Use ferramentas como Google Classroom ou Moodle para organizar e gerenciar suas aulas e tarefas.

Recursos Educacionais: Sites como Khan Academy, Coursera e YouTube podem fornecer materiais adicionais para enriquecer suas aulas.

Plataformas de Pagamento: Configure métodos de pagamento seguros e fáceis, como PayPal ou Stripe, para facilitar as transações com seus alunos.

A tutoria online oferece uma oportunidade fantástica de transformar seu conhecimento em um negócio rentável. Com dedicação, planejamento e as ferramentas certas, você pode alcançar sucesso e fazer a diferença na vida de muitos alunos. Boa sorte em sua jornada como tutor online!

Capítulo 5:
Estratégias de Marketing de Afiliados

O marketing de afiliados é uma maneira eficaz de ganhar dinheiro promovendo produtos ou serviços de outras empresas. Como afiliado, você recebe uma comissão por cada venda realizada através do seu link de afiliado. É uma forma popular de geração de renda online devido à sua baixa barreira de entrada e potencial de ganhos.

Além disso, o marketing de afiliados oferece a flexibilidade de trabalhar em diversos nichos de mercado, permitindo que você escolha produtos ou serviços que realmente ressoem com seu público-alvo. Utilizando estratégias de SEO, marketing de conteúdo, e campanhas de e-mail, você pode aumentar a visibilidade de seus links de afiliado e maximizar seus ganhos.

Ferramentas analíticas também permitem que você monitore o desempenho de suas campanhas e faça ajustes para otimizar os resultados. Com dedicação e as estratégias corretas, o marketing de afiliados pode se tornar uma fonte consistente e lucrativa de renda passiva.

Como Funciona o Marketing de Afiliados

Escolha de Produtos e Programas de Afiliados: Primeiramente, você deve escolher produtos ou serviços que deseja promover. É importante escolher itens que você realmente acredita e que são relevantes para seu público.

Inscrição em Programas de Afiliados: Inscreva-se em programas de afiliados oferecidos por empresas ou plataformas de afiliados, como Amazon Associates, ClickBank, ShareASale, ou CJ Affiliate.

Promoção dos Produtos: Promova os produtos escolhidos através de links de afiliados em seu blog, site, redes sociais, vídeos do YouTube, e-mails, etc.

Ganho de Comissões: Quando alguém clica no seu link de afiliado e realiza uma compra, você ganha uma comissão.

Escolhendo Produtos e Nichos

Relevância e Interesse: Escolha produtos que são relevantes para seu nicho e que seus seguidores acharão úteis ou interessantes.

Qualidade: Promova produtos de alta qualidade. A confiança dos seus seguidores é essencial, e promover produtos de má qualidade pode prejudicar sua credibilidade.

Comissões e Condições: Verifique as taxas de comissão e as condições do programa de afiliados. Escolha programas que ofereçam boas comissões e condições justas.

Como Promover Produtos de Afiliados

Criação de Conteúdo: Crie conteúdo valioso e relevante para seu público, incorporando seus links de afiliado de forma natural. Isso pode incluir postagens em blogs, vídeos no YouTube, podcasts, e posts em redes sociais.

SEO (Otimização para Motores de Busca): Otimize seu conteúdo para os motores de busca para atrair tráfego orgânico. Use palavras-chave relevantes, crie títulos atraentes e inclua meta descrições.

Marketing por E-mail: Construa uma lista de e-mails e envie newsletters regulares com recomendações de produtos. Inclua links de afiliados em seus e-mails.

Mídias Sociais: Use plataformas como Instagram, Facebook, Twitter e Pinterest para promover produtos e compartilhar links de afiliados.

Revisões e Comparações: Escreva revisões detalhadas e comparações de produtos para ajudar seus seguidores a tomar decisões de compra informadas.

Cupons e Ofertas Especiais: Ofereça cupons e promoções exclusivas para seus seguidores. Isso pode aumentar a taxa de conversão dos seus links de afiliado.

Dicas para Ter Sucesso no Marketing de Afiliados

Autenticidade: Seja honesto e transparente com seu público sobre o uso de links de afiliado. Recomende apenas produtos que você realmente acredita.

Conheça Seu Público: Entenda as necessidades e interesses do seu público. Isso ajudará a escolher e promover produtos que realmente interessem a eles.

Acompanhamento e Análise: Use ferramentas de análise para acompanhar o desempenho dos seus links de afiliado. Isso ajudará a entender quais estratégias estão funcionando e onde você pode melhorar.

Diversificação: Não dependa de um único produto ou programa de afiliados. Diversifique suas fontes de renda afiliada para reduzir riscos.

Educação Contínua: O marketing de afiliados está em constante evolução. Mantenha-se atualizado com as últimas tendências e estratégias para maximizar seus ganhos.

Ferramentas e Recursos Úteis

Plataformas de Afiliados: Amazon Associates, ClickBank, ShareASale, CJ Affiliate, Rakuten Marketing.

Ferramentas de SEO: SEMrush, Ahrefs, Moz, Google Keyword Planner.

Softwares de E-mail Marketing: Mailchimp, ConvertKit, AWeber.

Plataformas de Gestão de Conteúdo: WordPress, Squarespace, Wix.

Redes Sociais: Instagram, Facebook, Twitter, Pinterest.

O marketing de afiliados é uma estratégia poderosa para gerar renda passiva online. Com dedicação, estratégia e as ferramentas certas, você pode transformar seu blog, site ou presença nas redes sociais em uma fonte de renda significativa. Boa sorte em sua jornada no marketing de afiliados!

Capítulo 7: Dropshipping

Dropshipping é um modelo de negócio de e-commerce em que você vende produtos sem precisar manter um estoque. Quando um cliente faz um pedido, você compra o item de um fornecedor terceirizado, que então envia o produto diretamente ao cliente. Isso elimina a necessidade de investir em inventário ou lidar com a logística de envio.

Uma das grandes vantagens do dropshipping é a possibilidade de oferecer uma ampla gama de produtos sem o risco financeiro de manter um estoque.

Além disso, você pode operar seu negócio de qualquer lugar, desde que tenha acesso à internet. Ferramentas e plataformas como Shopify, WooCommerce, e Oberlo facilitam a gestão da loja, a integração com fornecedores e a automação de processos, permitindo que você se concentre no marketing e atendimento ao cliente.

Com uma estratégia de marketing digital eficaz, incluindo SEO, publicidade paga e marketing de redes sociais, você pode atrair tráfego para sua loja e converter visitantes em clientes.

Assim, o dropshipping pode ser uma excelente maneira de iniciar um negócio online com baixo investimento inicial e alto potencial de crescimento.

Benefícios do Dropshipping

Baixo Custo Inicial: Não é necessário investir em estoque, o que reduz significativamente o custo inicial do negócio.
Flexibilidade: Você pode gerenciar seu negócio de qualquer lugar com uma conexão à internet.

Variedade de Produtos: É possível oferecer uma ampla gama de produtos sem a necessidade de comprar e armazená-los.

Redução de Riscos: Como você não precisa investir em estoque, o risco de produtos encalhados é minimizado.

Como Funciona o Dropshipping

Escolha do Nicho e Produtos: Selecione um nicho de mercado específico e escolha produtos que sejam populares e tenham boa margem de lucro.

Encontre Fornecedores: Utilize plataformas como AliExpress, Oberlo, SaleHoo e Doba para encontrar fornecedores confiáveis que oferecem dropshipping.

Crie Sua Loja Online: Use plataformas de e-commerce como Shopify, WooCommerce ou BigCommerce para criar sua loja online.

Importe Produtos: Importe produtos dos fornecedores escolhidos para sua loja, definindo preços e descrições.

Promova Sua Loja: Use estratégias de marketing digital para atrair clientes para sua loja.

Processamento de Pedidos: Quando um cliente faz um pedido, você o encaminha ao fornecedor, que cuida do envio diretamente para o cliente.

Escolhendo um Nicho

Paixão e Interesse: Escolha um nicho pelo qual você é apaixonado e tem interesse. Isso tornará a gestão do negócio mais prazerosa e autêntica.

Pesquisa de Mercado: Use ferramentas como Google Trends, Keyword Planner e análise de concorrentes para identificar nichos populares e em crescimento.

Rentabilidade: Certifique-se de que o nicho escolhido tem produtos com boas margens de lucro. Produtos com alto valor percebido geralmente são mais lucrativos.

Encontrando Fornecedores

Plataformas de Dropshipping: Utilize plataformas especializadas como AliExpress, Oberlo, SaleHoo e Doba para encontrar fornecedores confiáveis.

Verifique a Reputação: Leia avaliações e feedback de outros comerciantes para garantir a confiabilidade e qualidade dos produtos dos fornecedores.

Comunicação: Mantenha uma boa comunicação com seus fornecedores para garantir que os pedidos sejam processados e enviados rapidamente.

Criando e Gerenciando Sua Loja Online

Plataformas de E-commerce: Use plataformas como Shopify, WooCommerce ou BigCommerce para criar sua loja.

Essas plataformas oferecem templates, plugins e integrações que facilitam a criação e gestão da loja.

Design Atraente: Invista em um design atraente e fácil de navegar para sua loja. A primeira impressão é crucial para converter visitantes em clientes.

Descrições de Produtos: Escreva descrições detalhadas e persuasivas para cada produto. Inclua fotos de alta qualidade e, se possível, vídeos demonstrativos.

Política de Envio e Devolução: Defina políticas claras de envio e devolução para evitar mal-entendidos e garantir a satisfação do cliente.

Estratégias de Marketing

SEO (Otimização para Motores de Busca): Otimize sua loja e descrições de produtos para aparecer nos resultados de busca. Use palavras-chave relevantes e crie conteúdo de valor.

Publicidade Paga: Utilize Google Ads, Facebook Ads e Instagram Ads para direcionar tráfego qualificado para sua loja.

Marketing de Influenciadores: Colabore com influenciadores do seu nicho para promover seus produtos e aumentar a visibilidade da sua marca.

E-mail Marketing: Construa uma lista de e-mails e envie newsletters regulares com ofertas, novos produtos e conteúdo relevante.

Redes Sociais: Mantenha uma presença ativa nas redes sociais para engajar com seu público e promover seus produtos.

Dicas para Ter Sucesso no Dropshipping

Escolha de Produtos: Fique atento às tendências de mercado e adapte sua oferta de produtos conforme necessário.

Atendimento ao Cliente: Ofereça um atendimento ao cliente de alta qualidade para garantir a satisfação e fidelização dos clientes.

Análise e Otimização: Use ferramentas de análise para monitorar o desempenho da sua loja e fazer ajustes para melhorar as vendas.

Gestão de Fornecedores: Mantenha uma comunicação constante com seus fornecedores para garantir que os pedidos sejam processados e enviados corretamente.

Adaptabilidade: Esteja preparado para se adaptar e mudar suas estratégias conforme o mercado e as demandas dos clientes evoluem.

Ferramentas e Recursos Úteis

Plataformas de E-commerce: Shopify, WooCommerce, BigCommerce.

Plataformas de Dropshipping: Oberlo, AliExpress, SaleHoo, Doba.

Ferramentas de Marketing: Google Ads, Facebook Ads, Instagram Ads, Mailchimp.

Ferramentas de SEO: SEMrush, Ahrefs, Moz.
Ferramentas de Análise: Google Analytics, Hotjar.

O dropshipping é uma excelente oportunidade para empreendedores que desejam iniciar um negócio de e-commerce com baixo investimento inicial. Com a escolha certa de nicho, fornecedores confiáveis e estratégias de marketing eficazes, você pode construir uma loja online bem-sucedida e lucrativa. Boa sorte em sua jornada no dropshipping!

Capítulo 8: Criação de Conteúdo Blogging

Criar e manter um blog é uma maneira poderosa de compartilhar seu conhecimento, paixão e experiências com um público global. Com dedicação e estratégia, você pode transformar seu blog em uma fonte de renda através de anúncios, marketing de afiliados e outras formas de monetização.

Além disso, um blog pode servir como um portfólio digital, demonstrando suas habilidades e conhecimentos para potenciais empregadores ou clientes. É importante escolher um nicho que você ama e conhece bem, pois a autenticidade ressoa com os leitores. Consistência na publicação de conteúdo de qualidade é crucial para atrair e manter uma audiência fiel.

Para iniciar, escolha uma plataforma de blogging que atenda às suas necessidades. WordPress, Blogger e Medium são algumas das opções populares. Em seguida, personalize o design do seu blog para refletir sua personalidade e o tema do seu conteúdo.

A criação de conteúdo regular e valioso é a chave para o crescimento. Escreva posts que respondam às perguntas frequentes do seu público, ofereçam soluções para problemas comuns ou compartilhem histórias inspiradoras. Utilize ferramentas de SEO (Search Engine Optimization) para melhorar a visibilidade do seu blog nos motores de busca, atraindo mais visitantes.

Engajar-se com sua audiência também é fundamental. Responda aos comentários, participe de discussões em redes sociais e colabore com outros blogueiros. Isso não só fortalece a comunidade em torno do seu blog, mas também aumenta sua visibilidade e credibilidade.

Finalmente, não tenha medo de inovar e experimentar novas ideias. O mundo dos blogs está em constante evolução, e adotar novas tendências pode proporcionar novas oportunidades de crescimento. Lembre-se de que o sucesso raramente acontece da noite para o dia; é a persistência e a paixão que, no longo prazo, fazem toda a diferença.

Benefícios do Blogging

Baixo Custo Inicial: Iniciar um blog requer um investimento mínimo, especialmente se você usar plataformas gratuitas ou de baixo custo.

Flexibilidade: Você pode blogar sobre praticamente qualquer tema que seja de seu interesse.

Potencial de Renda Passiva: Uma vez que o conteúdo está publicado, ele pode gerar renda contínua através de anúncios e links de afiliados.

Autoridade e Credibilidade: Um blog bem gerido pode estabelecer você como uma autoridade em seu nicho.

Passos para Começar um Blog

Escolha do Nicho: Selecione um nicho que você é apaixonado e que tenha potencial de audiência. Alguns exemplos incluem saúde, finanças pessoais, viagens, culinária, tecnologia, etc.

Escolha da Plataforma: Utilize plataformas como WordPress, Blogger, ou Wix para criar seu blog. WordPress é a escolha mais popular devido à sua flexibilidade e grande variedade de plugins.

Registro de Domínio e Hospedagem: Compre um domínio relevante e escolha um serviço de hospedagem confiável. Sites como Bluehost, SiteGround, e HostGator são boas opções.

Design do Blog: Escolha um tema que seja atraente e fácil de navegar. Personalize-o para refletir a identidade do seu blog.

Criação de Conteúdo: Escreva posts de alta qualidade que sejam úteis e envolventes para seu público. Mantenha uma programação de publicação consistente.

Monetização do Blog

Anúncios: Utilize plataformas como Google AdSense para exibir anúncios no seu blog. Você ganha dinheiro cada vez que um visitante clica em um anúncio.

Marketing de Afiliados: Inclua links de afiliados em seus posts. Promova produtos e serviços relevantes ao seu nicho e ganhe comissões por cada venda realizada através dos seus links.

Postagens Patrocinadas: Trabalhe com marcas e empresas que pagam para que você escreva sobre seus produtos ou serviços.

Produtos Digitais: Venda e-books, cursos online, ou outros produtos digitais diretamente no seu blog.

Serviços: Ofereça serviços como consultoria, coaching ou freelancing baseados na sua expertise.

Estratégias de Crescimento

SEO (Otimização para Motores de Busca): Otimize seus posts com palavras-chave relevantes, títulos atraentes e meta descrições para melhorar seu ranking nos motores de busca.

Marketing de Conteúdo: Crie conteúdo valioso e compartilhável que atraia e retenha seu público. Isso inclui posts de blog, infográficos, vídeos e e-books.

Redes Sociais: Promova seu blog em plataformas de redes sociais como Facebook, Instagram, Twitter e Pinterest para aumentar o tráfego.

E-mail Marketing: Construa uma lista de e-mails e envie newsletters regulares para manter seu público engajado e atualizado com seu conteúdo.

Guest Posting: Escreva posts como convidado em blogs populares do seu nicho para atrair novos leitores e aumentar a sua autoridade.

Dicas para Ter Sucesso no Blogging

Consistência: Publique regularmente para manter seu público engajado e aumentar seu tráfego.

Qualidade do Conteúdo: Concentre-se na criação de conteúdo de alta qualidade que ofereça valor real aos seus leitores.

Engajamento com a Audiência: Responda aos comentários e interaja com seus leitores nas redes sociais para construir uma comunidade leal.

Atualização Contínua: Mantenha-se atualizado com as últimas tendências e técnicas de blogging para melhorar continuamente seu blog.

Monetização Diversificada: Combine várias estratégias de monetização para maximizar seu potencial de ganho.

Ferramentas e Recursos Úteis

Plataformas de Blogging: WordPress, Blogger, Wix.
Serviços de Hospedagem: Bluehost, SiteGround, HostGator.

Ferramentas de SEO: SEMrush, Ahrefs, Yoast SEO.

Plataformas de Anúncios: Google AdSense, Media.net.

Ferramentas de Marketing de Afiliados: Amazon Associates, ShareASale, CJ Affiliate.

Software de E-mail Marketing: Mailchimp, ConvertKit, AWeber.

O blogging é uma oportunidade excelente para criar conteúdo valioso e monetizá-lo de várias maneiras. Com paixão, dedicação e as estratégias certas, você pode transformar seu blog em uma fonte de renda sustentável e alcançar sucesso no mundo digital. Boa sorte em sua jornada como blogueiro!

Capítulo 10: Publicação Digital
E-books

Escrever e vender e-books é uma excelente maneira de compartilhar seu conhecimento e experiências com um público amplo, além de gerar uma fonte de renda passiva. Com plataformas como a Amazon Kindle Direct Publishing (KDP), é mais fácil do que nunca publicar e-books e alcançar leitores em todo o mundo.

Para começar, é essencial escolher um tema que você domine e que desperte interesse nos leitores. Pesquise tópicos populares e identifique nichos que ainda não estão saturados. Em seguida, dedique tempo à criação de um conteúdo de alta qualidade, bem estruturado e envolvente. Não se preocupe se a escrita não for sua habilidade mais forte; você sempre pode contar com a ajuda de editores ou ghostwriters para polir seu texto.

Uma vez que o e-book esteja pronto, a capa é um elemento crucial que não deve ser negligenciado. Uma capa atraente e profissional pode fazer toda a diferença na decisão de compra do leitor. Considere contratar um designer gráfico ou utilizar ferramentas online que ofereçam modelos de capas personalizáveis.

A promoção do seu e-book também é vital. Utilize suas redes sociais, blogs e listas de e-mail para divulgar seu trabalho. Participar de comunidades online relacionadas ao tema do seu livro pode ajudar a aumentar sua visibilidade. Ofereça amostras grátis ou descontos promocionais para atrair os primeiros leitores e incentivá-los a deixar avaliações positivas.

Lembre-se de que o sucesso não acontece da noite para o dia. Seja persistente e esteja aberto a feedbacks para melhorar continuamente. Com dedicação e estratégias eficazes de marketing, seu e-book pode alcançar um grande número de leitores e se tornar uma fonte de renda significativa.

Benefícios de Escrever E-books

Baixo Custo de Produção: Não há necessidade de impressão ou envio, o que reduz significativamente os custos.

Renda Passiva: Depois de publicado, um e-book pode gerar renda contínua com vendas repetidas.

Alcance Global: Plataformas digitais permitem que você venda seu e-book para leitores em todo o mundo.

Estabelecimento de Autoridade: Publicar um e-book pode posicioná-lo como um especialista em seu nicho.

Passos para Criar e Vender E-books

Escolha do Tópico: Selecione um tema que você conhece bem e que tenha demanda de mercado. Use ferramentas como Google Trends e Amazon Best Sellers para identificar tópicos populares.

Pesquisa e Planejamento: Pesquise seu tópico profundamente e crie um esboço detalhado do conteúdo do seu e-book. Planeje a estrutura, capítulos e principais pontos a serem abordados.

Escrita: Escreva seu e-book com clareza e precisão. Mantenha o leitor em mente e ofereça valor em cada capítulo. Revisões e edições são essenciais para garantir a qualidade do conteúdo.

Design e Formatação: Utilize ferramentas como Canva ou Adobe InDesign para criar uma capa atraente. Formate seu e-book para que ele fique visualmente agradável e fácil de ler em dispositivos digitais.

Publicação: Utilize plataformas como Amazon Kindle Direct Publishing (KDP), Apple Books, ou Smashwords para publicar seu e-book. Siga as diretrizes de formatação e metadados fornecidas por cada plataforma.

Marketing e Promoção: Promova seu e-book através de blogs, redes sociais, e-mail marketing, e anúncios pagos. Considere oferecer amostras gratuitas ou descontos iniciais para atrair leitores.

Escolhendo um Tópico

Paixão e Conhecimento: Escolha um tópico que você conhece bem e pelo qual você é apaixonado. Isso facilitará o processo de escrita e garantirá um conteúdo autêntico e envolvente.

Demanda de Mercado: Pesquise temas populares e em alta demanda. Use ferramentas como Google Trends, Amazon Best Sellers e fóruns online para identificar o que os leitores estão procurando.

Concorrência: Analise e-books concorrentes no seu nicho. Identifique lacunas no mercado e maneiras de oferecer algo único ou melhorado.

Ferramentas e Recursos para Criação de E-books

Software de Escrita: Microsoft Word, Google Docs, Scrivener.

Design de Capas: Canva, Adobe InDesign, Book Cover Maker.

Formatação: Kindle Create, Calibre, Vellum.

Plataformas de Publicação: Amazon KDP, Apple Books, Smashwords.

Ferramentas de Marketing: Mailchimp, Buffer, Hootsuite.

Estratégias de Marketing para E-books

SEO (Otimização para Motores de Busca): Use palavras-chave relevantes no título, descrição e metadados do seu e-book para melhorar sua visibilidade nas buscas.

Redes Sociais: Promova seu e-book nas redes sociais para alcançar um público maior. Utilize hashtags relevantes e colabore com influenciadores do seu nicho.

E-mail Marketing: Construa uma lista de e-mails e envie newsletters regulares para manter seu público informado sobre lançamentos, ofertas e novidades.

Blogging: Escreva posts de blog relacionados ao tema do seu e-book para atrair tráfego e potencialmente convertê-lo em vendas.

Anúncios Pagos: Utilize Google Ads, Facebook Ads, e Amazon Advertising para promover seu e-book e alcançar um público segmentado.

Reviews e Testemunhos: Incentive os leitores a deixarem avaliações positivas. Testemunhos ajudam a aumentar a credibilidade e a atrair mais leitores.

Dicas para Ter Sucesso com E-books

Qualidade do Conteúdo: Foque em criar um e-book que ofereça valor real e seja bem escrito. Qualidade atrai leitores e gera recomendações boca a boca.

Design Profissional: Invista em uma capa profissional e uma boa formatação. A primeira impressão é crucial para atrair leitores.

Preços Competitivos: Pesquise o mercado e defina um preço competitivo. Considere promoções e descontos para impulsionar as vendas iniciais.

Interação com o Público: Engaje com seus leitores através de redes sociais, e-mails e comentários. Feedback positivo e interações ajudam a construir uma base de fãs leais.

Atualização Contínua: Atualize regularmente seu e-book com novas informações ou edições para mantê-lo relevante e de alta qualidade.

Ferramentas e Recursos Úteis

Plataformas de Publicação: Amazon Kindle Direct Publishing (KDP), Apple Books, Smashwords.

Software de Escrita e Edição: Microsoft Word, Google Docs, Scrivener.

Design de Capas: Canva, Adobe InDesign, Book Cover Maker.

Ferramentas de Marketing: Mailchimp, Buffer, Hootsuite.

Ferramentas de SEO: SEMrush, Ahrefs, Moz.

Escrever e vender e-books é uma oportunidade excelente para compartilhar seu conhecimento e gerar renda passiva. Com dedicação, pesquisa e estratégias eficazes de marketing, você pode alcançar leitores em todo o mundo e construir uma carreira lucrativa como autor. Boa sorte em sua jornada na publicação digital!

Capítulo 11: Educação Online
Cursos Online

Criar e vender cursos online é uma maneira eficaz de compartilhar seu conhecimento com um público global e gerar uma fonte de renda significativa. Com a crescente demanda por educação online, plataformas como Udemy, Coursera e Teachable tornam mais fácil do que nunca criar, hospedar e vender seus cursos.

Além disso, ao desenvolver seu curso, é importante focar na qualidade do conteúdo e na experiência do aluno. Isso inclui a criação de materiais visuais atraentes, vídeos envolventes e exercícios práticos que ajudem os alunos a consolidar o que aprenderam.

Outro aspecto crucial é a promoção do curso nas redes sociais e através de e-mails marketing para alcançar um público maior. Testemunhos e avaliações de alunos satisfeitos também podem aumentar a credibilidade e atrair mais inscritos.

Por fim, lembre-se de atualizar regularmente seu curso para manter o conteúdo relevante e atual. A educação é um campo dinâmico, e estar atualizado com as últimas tendências e informações é essencial para manter a satisfação dos alunos e garantir o sucesso contínuo do seu curso online.

Planejamento do Curso

Antes de começar a gravar, é fundamental planejar o conteúdo do seu curso. Defina o público-alvo e identifique suas necessidades. Crie um esboço detalhado, incluindo módulos e aulas, para garantir que o curso tenha uma progressão lógica. Considere também definir objetivos de aprendizado claros para cada módulo, ajudando os alunos a entender o que eles devem alcançar.

Foco na Qualidade do Conteúdo

Ao desenvolver seu curso, é importante focar na qualidade do conteúdo e na experiência do aluno. Isso inclui:

1. Materiais Visuais Atraentes: Utilize infográficos, slides e animações que ilustrem os conceitos de forma clara e interessante.
2. Vídeos Envolventes: Invista em uma boa edição de vídeo e em um roteiro bem estruturado. Vídeos curtos e dinâmicos geralmente mantêm a atenção do aluno.
3. Exercícios Práticos: Inclua quizzes, estudos de caso e projetos práticos que ajudem os alunos a consolidar o que aprenderam. Isso não só promove o aprendizado ativo, mas também aumenta o engajamento.

Planejamento do Curso

Construindo Credibilidade

Testemunhos e avaliações de alunos satisfeitos são essenciais para construir credibilidade. Incentive seus alunos a deixarem feedback após a conclusão do curso. Considere também:

1. Certificados de Conclusão: Oferecer certificados pode aumentar a motivação dos alunos e a percepção de valor do seu curso.
2. Comunidade de Alunos: Crie um grupo em redes sociais ou uma plataforma de discussão onde alunos possam interagir, trocar experiências e esclarecer dúvidas.

Atualização Contínua do Conteúdo

Por fim, lembre-se de atualizar regularmente seu curso para manter o conteúdo relevante e atual. A educação é um campo dinâmico, e estar atualizado com as últimas tendências e informações é essencial para manter a satisfação dos alunos e garantir o sucesso contínuo do seu curso online. Considere as seguintes práticas:

1. Feedback Contínuo: Mantenha um canal aberto para feedback e sugestões dos alunos. Isso pode proporcionar insights valiosos sobre como melhorar o curso.
2. Módulos Adicionais: Com o tempo, você pode adicionar novos módulos ou aulas que abordem tópicos emergentes ou tendências recentes na sua área.

Benefícios de Criar Cursos Online

Escalabilidade: Um curso online pode ser vendido para um número ilimitado de alunos sem necessidade de aumentar os custos operacionais.

Renda Passiva: Uma vez que o curso está criado, ele pode gerar renda contínua com vendas recorrentes.
Flexibilidade: Você pode criar cursos sobre praticamente qualquer assunto que domine.

Autoridade e Credibilidade: Ser um instrutor de curso pode estabelecer você como um especialista em seu campo.

Passos para Criar e Vender Cursos Online

Escolha do Tópico: Selecione um tema que você conhece bem e que tenha demanda. Use ferramentas como Google Trends, Udemy Insights, e fóruns online para identificar tópicos populares.

Pesquisa e Planejamento: Pesquise profundamente sobre o tema e crie um esboço detalhado do conteúdo do curso. Defina a estrutura do curso, módulos e principais pontos de aprendizado.

Criação de Conteúdo: Produza o conteúdo do curso, incluindo vídeos, slides, quizzes e materiais de leitura. Use um estilo de ensino claro e envolvente para manter os alunos interessados.

Design e Formatação: Use ferramentas como Canva para criar gráficos e slides atraentes. Certifique-se de que o curso seja visualmente agradável e fácil de seguir.

Hospedagem do Curso: Utilize plataformas como Udemy, Teachable, Coursera, ou Skillshare para hospedar seu curso. Siga as diretrizes de formatação e upload fornecidas por cada plataforma.

Marketing e Promoção: Promova seu curso através de blogs, redes sociais, e-mail marketing, e anúncios pagos. Considere oferecer uma amostra gratuita ou um desconto inicial para atrair alunos.

Escolhendo um Tópico

Equipamento de Gravação: Câmera, microfone, iluminação. Muitas vezes, um smartphone moderno e um microfone lavalier são suficientes para começar.

Software de Edição: Adobe Premiere Pro, Final Cut Pro, Camtasia.

Design de Slides: Canva, PowerPoint, Google Slides.

Plataformas de Hospedagem: Udemy, Teachable, Coursera, Skillshare.

Ferramentas de Marketing: Mailchimp, Buffer, Hootsuite.

Ferramentas e Recursos para Criação de Cursos

Equipamento de Gravação: Câmera, microfone, iluminação. Muitas vezes, um smartphone moderno e um microfone lavalier são suficientes para começar.

Software de Edição: Adobe Premiere Pro, Final Cut Pro, Camtasia.

Design de Slides: Canva, PowerPoint, Google Slides.

Plataformas de Hospedagem: Udemy, Teachable, Coursera, Skillshare.

Ferramentas de Marketing: Mailchimp, Buffer, Hootsuite.

Estratégias de Marketing para Cursos Online

SEO (Otimização para Motores de Busca): Use palavras-chave relevantes no título, descrição e metadados do seu curso para melhorar sua visibilidade nas buscas.

Redes Sociais: Promova seu curso nas redes sociais para alcançar um público maior. Utilize hashtags relevantes e colabore com influenciadores do seu nicho.

E-mail Marketing: Construa uma lista de e-mails e envie newsletters regulares para manter seu público informado sobre lançamentos, ofertas e novidades.

Blogging: Escreva posts de blog relacionados ao tema do seu curso para atrair tráfego e potencialmente convertê-lo em alunos.

Anúncios Pagos: Utilize Google Ads, Facebook Ads, e anúncios em plataformas de e-learning para promover seu curso e alcançar um público segmentado.

Webinars e Workshops: Realize webinars e workshops gratuitos para demonstrar seu conhecimento e promover seu curso.

Dicas para Ter Sucesso com Cursos Online

Qualidade de Produção: Invista em uma boa câmera, iluminação e microfone para garantir que seus vídeos tenham uma qualidade de produção profissional.

Conteúdo Valioso: Foque em criar um curso que ofereça valor real e seja bem estruturado. Qualidade atrai alunos e gera recomendações boca a boca.

Interatividade: Inclua quizzes, exercícios práticos e fóruns de discussão para engajar os alunos e melhorar a retenção do conteúdo.

Preços Competitivos: Pesquise o mercado e defina um preço competitivo. Considere promoções e descontos para impulsionar as vendas iniciais.

Interação com os Alunos: Engaje com seus alunos através de fóruns, comentários e sessões de perguntas e respostas. Feedback positivo e interações ajudam a construir uma comunidade leal.

Atualização Contínua: Atualize regularmente seu curso com novas informações ou edições para mantê-lo relevante e de alta qualidade.

Ferramentas e Recursos Úteis

Plataformas de Hospedagem de Cursos: Udemy, Teachable, Coursera, Skillshare.

Software de Edição de Vídeo: Adobe Premiere Pro, Final Cut Pro, Camtasia.

Design de Slides: Canva, PowerPoint, Google Slides.

Ferramentas de Marketing: Mailchimp, Buffer, Hootsuite.
Ferramentas de SEO: SEMrush, Ahrefs, Moz.

Criar e vender cursos online é uma excelente maneira de compartilhar seu conhecimento e gerar renda passiva. Com dedicação, pesquisa e estratégias eficazes de marketing, você pode alcançar alunos em todo o mundo e construir uma carreira lucrativa como instrutor. Boa sorte em sua jornada na educação online!

Israel Johnson

www.ingramcontent.com/pod-product-compliance
Lightning Source LLC
Chambersburg PA
CBHW052339220526
45472CB00001B/489